Dieses Buch gehört

Stephanie

Liebe Eltern,

wir wollen Ihr Kind beim Lesenlernen unterstützen, und zwar mit spannenden und lustigen Geschichten.

Unsere Bücher mit der liebenswerten Bildermaus begleiten Ihren Sohn oder Ihre Tochter durch die Vorschule. Sie enthalten kurze Geschichten mit einfachen Sätzen sowie großer und leicht lesbarer Schrift. Hauptwörter werden durch kleine Bilder ersetzt. Lesen Sie die Geschichten vor und lassen Sie Ihr Kind die Bilder selbst benennen. Am Ende finden Sie eine Bild-Wörterliste mit den einzelnen Bedeutungen. Viele bunte Illustrationen sorgen außerdem für Lesepausen und helfen, die Geschichte zu verstehen.

So wird der Spaß am Lesen geweckt, und Ihr Kind wird ganz nebenbei von der Bildermaus zum echten Leselöwen!

Ihre

Bildermaus

Maja von Vogel

Die kleine Elfe und der Freundezauber

Illustriert von Elke Broska

www.bildermaus.de

ISBN 978-3-7855-8950-2
1. Auflage 2018
© 2018 Loewe Verlag GmbH, Bindlach
Umschlag- und Innenillustrationen: Elke Broska
Umschlaggestaltung: Ramona Karl
Vignetten Bildermaus: Angelika Stubner
Reihenlogo nach einem Entwurf von Angelika Stubner
Printed in Poland

www.loewe-verlag.de

Inhalt

Picknick auf der Elfenwiese 8

Apfelbaum in Gefahr 19

Elfentanz im Mondschein 28

Picknick auf der Elfenwiese

„Wer zuerst beim 🌳 ist!", ruft die kleine 🧚 Felina und saust über die 🌿. Das kleine 🐿️ Fred flitzt hinterher. „Gleich hab ich dich!" Aber Felina ist schneller. Sie flattert auf den knorrigen 🌳, der auf der 🌿 mitten im 🌲 steht.

„Gewonnen!", lacht Felina. Sie wohnt im hohlen , zusammen mit den anderen . Bei  tanzen die  um den  und singen den  etwas vor.

Wenn die ☀ scheint, zählt Felina die roten 🍎 an den 🌿. Aber am liebsten spielt sie mit Fred, dem flinken 🐿. „Fang mich doch!" Felina fliegt wieder los.

Fred springt ihr nach.

Plötzlich landet die kleine  im  🌱 und spitzt die 👂 👂. Sie hört 🌿 knacken und ein 🐦 fliegt auf. Da ist jemand! Zwei  👫 erscheinen zwischen den 🌳.

Sie heißen Ella und Paul und wohnen im 🏘. Manchmal suchen sie im 🌳 nach 🫐 und 🌰. Aber bis zur 🌿 der 🧚 sind sie noch nie gekommen. Bis jetzt.

„So eine schöne !", ruft Ella.

„Hier machen wir unser ."

Felina duckt sich im hohen .

„Versteck dich!", zischt sie Fred zu.

Ella und Paul breiten eine

unter dem  aus.

Sie haben einen  dabei und holen belegte , köstliche , leckere  und  heraus. Felinas  knurrt so laut wie ein . Plötzlich ist sie schrecklich hungrig.

„Lenk sie ab, ich stibitze uns einen ", flüstert die kleine .

Fred nickt. Er saust über die .

„Ein !", ruft Ella. „Wie süß!"

Felina schleicht zur und schnappt sich einen .

Dann flattert sie hinter einen .

Fred taucht neben ihr auf. „Du warst super", lobt Felina. Sie teilt sich den  mit dem .

Da springt Ella auf. „Los, wir klettern auf den !"

Sie schwingt sich auf den untersten  . Felina erstarrt.

Hoffentlich können sich die anderen   schnell genug verstecken! Das  klettert von einem  zum anderen.

„Hier oben ist es toll!", ruft sie

begeistert. „Wie wär's, wenn wir

uns ein  bauen?" Die

kleine  schüttelt den .

„Das geht nicht", flüstert sie.

„Der  gehört doch uns !"

Apfelbaum in Gefahr

Nachts kann Felina nicht schlafen.

Sie wälzt sich im  hin und her.

Was, wenn Ella und Paul wirklich

ein  im  bauen? Dann

müssten alle  fort. Sie muss

die  aufhalten. Die kleine

grübelt, bis ihr die 👀 zufallen.

Als die kleine  aufwacht, steht die  schon hoch am .

Bumm, krach, quietsch! Was ist das? Verschlafen schaut Felina aus einem . Oh nein!

Unter dem   sitzen Ella und Paul. Sie haben , einen , viele  und eine  dabei.

Ella sägt die  zurecht und Paul nagelt sie zusammen. Es ist furchtbar laut.

Die anderen   haben sich zwischen den  des versteckt und halten sich die  zu. Fred sitzt auf einem  und zuckt nervös mit seinem buschigen .

Felina schüttelt den 🧚. Jetzt reicht's! Sie zückt ihren 🪄 und murmelt etwas. Glitzernder ✨ rieselt nach unten und landet auf Paul und seinem 🔨. „Hatschi!", niest Paul.

Den nächsten  schlägt er krumm ein. Den übernächsten auch. „Blöder !", schimpft Paul und wirft den  ins . Ella hat inzwischen das letzte  zurechtgesägt.

„Du kletterst in den  und ich reiche dir die ", sagt sie. Paul greift nach dem untersten .

Schnell schwenkt Felina ihren und wieder fällt glitzernder herunter.

Der  will sich auf den  schwingen, aber er rutscht ab. Paul versucht es noch mal, doch der  ist so glitschig wie nasse .

Ella lacht. „Ist doch babyleicht!"

Sie greift nach dem 🌿 und zieht sich hoch. Plötzlich rutscht sie auch ab und plumpst ins 🌱.

„Aua!" Ella hält sich den 🦶. Felina reißt erschrocken die 👀 auf.

Elfentanz im Mondschein

Ella sitzt unter dem .

„Mein  tut so weh!" Eine  läuft über ihre . „Kannst du auftreten?", fragt Paul. Das  schüttelt den . „Ich laufe zurück und rufe einen ", schlägt Paul vor. „Nein!", schluchzt Ella.

„Ich will nicht allein im

bleiben." Felinas  beben. Das

wollte sie nicht! „Du musst Ella

helfen", flüstert Fred ihr ins 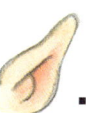.

Felina nickt. Aber wie?

Eigentlich darf sie sich den  nicht zeigen. Schließlich soll niemand wissen, dass  im 🌲🌳 leben. Aber jetzt geht es nicht anders.

Felina strafft die  und flattert auf die . Fred folgt ihr. Paul und Ella machen große ◌ ◌.

„W...w...was ist das?", stottert Paul. „Eine !", ruft Ella begeistert.

„Und das süße 🐿 von gestern." Felina landet neben Fred im 🌿. „Hallo, ich bin Felina und das ist Fred", sagt sie. „Du bist vom 🌳 gefallen, weil ich mit meinem ✨ gezaubert habe.

Ich wollte unseren  schützen, aber dir nicht wehtun. Entschuldige bitte!" Schnell erklärt sie den  alles. „Ich weiß, wie wir deinen heilen können."

Felina schwenkt ihren

und zaubert kühles  herbei,

das tief im  wächst. Geschickt

bindet sie das  um Ellas 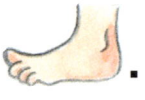.

„Tut schon gar nicht mehr weh!"

Ella wackelt froh mit den .

Die kleine  seufzt erleichtert.

„Versprecht ihr, niemandem von unserem  zu erzählen?"

Paul und Ella nicken.

„Versprochen", sagt Paul.

„Unser  können wir auch woanders bauen." Er sammelt  und 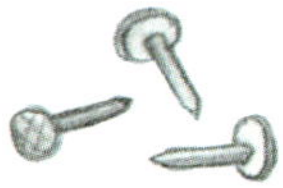  ein. „Ich kenne einen alten 🌳 im 🌲🌲 ", sagt Fred.

„Der wäre prima geeignet für

ein ." Felina grinst. „Und ich

helfe euch! Mit etwas geht

es schneller." Ella und Paul sind

einverstanden.

Als der  über dem

aufgeht, ist das neue

fertig. Ella und Paul liegen längst

in ihren  und träumen von

verzauberten  und

sprechenden  .

Felina und die anderen  schlafen noch lange nicht. Sie tanzen ausgelassen um ihren  und singen aus vollem . Dazu glitzert ihr  und die  leuchten so hell wie tausend .

Die Wörter zu den Bildern:

 Apfelbaum  Sonne

 Elfe  Äpfel

 Wiese  Äste

 Eichhörnchen  Gras

 Wald Ohren

 Baumstamm  Vogel

 Vollmond  Kinder

 Glühwürmchen  Bäume

 Dorf
 Orangensaft
 Brombeeren
 Bauch
 Kastanien
 Wolf
 Picknick
 Busch
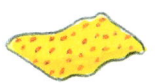 Decke
 Mädchen
 Korb
 Baumhaus
 Brote
 Kopf
 Kekse
 Bett
 Bananen
 Augen

 Himmel
 Elfenstaub
 Astloch
 Mist
 Bretter
 Junge
 Hammer
 Seife
 Nägel
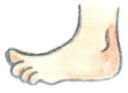 Fuß
 Säge
 Träne
 Blätter
 Wange
 Schwanz
 Krankenwagen
 Zauberstab
 Flügel

 Menschen  Hals

 Moos  Sterne

 Zehen

Maja von Vogel wurde 1973 geboren und wuchs im Emsland auf. Sie studierte Deutsch und Französisch, lebte ein Jahr in Paris und arbeitete mehrere Jahre als Lektorin in einem Kinderbuchverlag, bevor sie sich als Autorin und Übersetzerin selbstständig machte. Heute lebt Maja von Vogel in Norddeutschland.

Elke Broska, geb. 1980, studierte Grafik- und Kommunikationsdesign an den Fachhochschulen in Bielefeld und Mainz mit den Schwerpunkten Illustration und Buchgestaltung. Seit 2007 ist sie als freie Illustratorin für zahlreiche Verlage tätig. Sie lebt und arbeitet in Wiesbaden.

Noch mehr Lesespaß!

ISBN 978-3-7855-8577-1

ISBN 978-3-7855-8961-8

ISBN 978-3-7855-8967-0

ISBN 978-3-7855-8954-0